Léon Faucher

L'Impôt sur le revenu

essai

ISBN : 978-1533481917

10 9 8 7 6 5 4 3 2 1

Léon Faucher

L'Impôt sur le revenu

essai

Table de Matières

L'Impôt sur le revenu

La situation de nos finances est critique. En vain l'assemblée constituante a-t-elle fait les plus grands efforts pour libérer le trésor des engagements que lui avait légués la monarchie et pour combler les vides encore béants que la révolution de février avait ouverts ; en vain a-t-elle chargé de 62 millions et demi de rentes 5 pour 100 le livre de la dette publique ; en vain a-t-elle opéré, sur les dépenses de l'état, des retranchements dont quelques-uns étaient imprudents ou impossibles ; nous sommes encore bien loin de cet équilibre tant souhaité et tant promis, que tous les gouvernements montrent au pays en perspective. Pour le passé comme pour le présent ; le déficit nous menace toujours. Dans l'exposé qui précède le budget de 1850, M. le ministre des finances déclare que le découvert de 1849 ne sera pas inférieur à 184 millions, et que la somme des découverts, au janvier 1850, atteindra le chiffre énorme de 550 millions. Quant aux résultats probables de l'année qui va bientôt commencer, M. Passy annonce, au premier aperçu, pour le cas où l'on suivrait les errements habituels, une différence de 320 millions entre les recettes et les dépenses. Le découvert, à ce compte, dès le 31 décembre 1850, s'élèverait à 870 millions. On toucherait encore une fois à ce déficit d'un milliard que les financiers du gouvernement improvisé le 24 février reprochaient à la monarchie d'avoir accumulé sur leurs têtes.

On pourra trouver que l'exposé du budget charge un peu, et très évidemment sans nécessité, un tableau qui était, déjà bien assez sombre. Il est permis en effet de croire que le découvert final de 1849 ne montera pas à 184 millions. Toutes les fois que le travail renaît dans les ateliers et que le commerce reprend un peu d'activité, les impôts de consommation reçoivent leur part de ce mouvement ascendant, si passager qu'il soit, de la richesse. Le produit des taxes indirectes excédera donc, il faut l'espérer, les évaluations de M. le ministre des finances, tant pour l'année 1850 que pour l'année 1849.

Admettons cependant, pour raisonner d'après les mêmes bases, des hypothèses qui se rapprochent, à tout prendre, de la réalité, Faisons, comme M. Passy lui-même, deux parts du découvert, le passé qui est consommé ou qui va l'être, et cet avenir immédiat sur lequel peuvent s'exercer les combinaisons financières. Des 550 millions qui représentent, suivant lui, le déficit antérieur au 1ᵉʳ janvier 1850, M. le ministre des finances laisse 350 millions à la charge de la dette flottante ; le reste, il veut être autorisé à le demander à l'emprunt, en négociant jusqu'à concurrence de cette somme des rentes 5 pour 100. Une dette flottante de 4 à 500 millions, dont la plus grande partie représente des fonds à peu près immobilisés n'aurait assurément rien d'exagéré pour la France ; mais on peut admettre un emprunt qui la réduirait à 350 millions, surtout quand on songe qu'elle ne tardera pas à s'enfler des dépenses qu'exigeront encore pendant quelque temps les travaux extraordinaires, au chiffre d'environ 100 millions par année.

Reste à combler la différence considérable que semble présenter, avec un caractère de permanence pour l'avenir, l'évaluation des recettes comparée à l'évaluation des dépenses. M. le ministre des finances propose de recourir aux moyens suivants :

« 1° A la création d'impôts destinés à assurer au trésor les compléments de ressources dont il a maintenant besoin ;

« 2° A la mise en recette comme en dépense des fonds de l'amortissement, en les limitant aux seules dotations par l'accumulation des rentes rachetées ou provenant de la consolidation des réserves annuelles ;

« 3° A la constitution de moyens de service spéciaux, applicables uniquement aux dépenses des travaux extraordinaires. »

Sans doute, la situation de nos finances est telle que l'application d'un seul remède, si héroïque qu'il fût, ne les sauverait pas du naufrage. Il y faut l'emploi énergique et simultané de toutes les ressources : de l'économie, du crédit et de l'impôt. M. le ministre des finances paraissant vouloir mettre un intervalle de deux mois entre la publicité donnée à son exposé et la publication du budget de 1850, on peut difficilement juger de la sévérité avec laquelle ont été réglées les dépenses ; mais je suis disposé à croire, pour mon compte, que, sous la pression des circonstances, tout ce que l'on devait faire a été fait.

Quant au nouveau mode d'emprunt à terme que propose M. Passy, je ne puis m'empêcher de trouver la conception très malheureuse.

L'Impôt sur le revenu

Si M. le ministre des finances venait résolument nous conseiller de changer la forme de notre dette flottante et de convertir les bons du trésor en bons de l'échiquier, il y aurait encore à examiner si ce qui est possible en Angleterre l'est également en France ; mais créer une seconde dette flottante à côté de la première, émettre à la fois des bons remboursables à des échéances déterminées et des obligations que l'on rachèterait annuellement au moyen d'un amortissement de 2 pour 100, c'est s'exposer à voir l'une ou l'autre de ces combinaisons dédaignée par les capitalistes, l'une ou l'autre de ces sources frappée sur l'heure de sécheresse et de stérilité. Le ministre lui-même a la bonne foi de reconnaître que « les obligations nouvelles, à leur origine, n'entreront qu'avec peine dans la circulation. » Quelle peut être dès-lors la valeur de ce système quand il s'agit de mettre un terme à des embarras pressants ? Pour aligner sur le papier des théories dont le résultat est incertain ou éloigné, il faut avoir le temps d'attendre.

Toutes choses restant ce qu'elles sont, l'exposé du ministre évalue les dépenses de 1850 à 1,591 millions, et les recettes à 1,271 millions. Les changements indiqués par le ministre, changements qui consisteraient à réduire les dépenses de 182 millions, et à augmenter les recettes de 144 millions, ramèneraient à un équilibre apparent notre situation financière : les dépenses, en effet, sont évaluées à 1,408 millions, et les recettes à 1,415 ; une faible marge de 7 millions est laissée aux crédits supplémentaires que comporte le chapitre de l'imprévu.

La diminution des dépenses s'opère, dans ce plan, avec une facilité qui pourra faire supposer qu'elle n'est que nominale. En effet, M. le ministre des finances annule les rentes converties, qui représentaient un total d'environ 70 millions, ce qui n'a d'autre résultat que de simplifier les écritures et de faire disparaître du budget une véritable fiction ; mais les dépenses réelles n'en sont nullement réduites, attendu que ces réserves de l'amortissement ne servaient plus à l'extinction de la dette. On régularise ainsi, on élague les branches parasites de la comptabilité budgétaire ; il n'y a là rien de plus ni rien de moins.

J'en dirai autant des 103 millions qui représentent la dépense annuelle des travaux extraordinaires. On les fait passer d'un budget à un autre ; on donne un autre nom à cette allocation, qui n'en reste

Léon Faucher

pas moins nécessaire tant que les compagnies ne sont pas appelées à y concourir avec l'état ; on ne parvient ni à la supprimer ni à la restreindre.

L'accroissement des recettes est beaucoup plus réel. M. Passy ajoute d'abord aux ressources de l'état les 65 millions composant la dotation de l'amortissement, dont il suspend ainsi l'action jusqu'à nouvel ordre. Cette mesure paraît rationnelle, et elle était inévitable. On amortit sérieusement la dette publique quand on applique cet amortissement l'excédant du revenu sur les dépenses ; mais éteindre un emprunt pendant que l'on en contracte un autre, ou, pour mieux dire, emprunter pour amortir, c'est faire une opération que la science condamne et qu'aucun résultat ne justifie.

M. le ministre des finances complète ces ressources supplémentaires par l'établissement de nouveaux impôts, dont il estime le produit annuel à 79 millions. Dans le nombre figure un impôt sur le revenu. nouveauté qui semblait avoir déjà vieilli, théorie dont l'assemblée constituante elle-même n'avait pas encouragé l'application, et que l'on ne s'attendait pas à voir remettre en honneur devant l'assemblée législative. Aux termes du projet, l'impôt sur le revenu serait une taxe de quotité pour les communes, et de répartition pour les contribuables, qui devrait rendre 60 millions à l'état, et qui demanderait ainsi à chaque contribuable, suivant les calculs du ministre, à peu près 1 pour 100 de son revenu réel.

Ce qui frappe d'abord l'esprit en examinant le projet de M. le ministre des finances, c'est l'incroyable disproportion des moyens avec le but. M. Passy va puiser le revenu à des sources absolument nouvelles ; il change le principe et l'assiette de l'impôt, bouleverse de fond en comble notre système financier, jette l'alarme et l'effroi parmi les contribuables, fait tressaillir d'aise, comme à l'aspect d'une chance inespérée, les niveleurs du socialisme, et tout cela pour obtenir 60 millions !

Je comprends sir Robert Peel rétablissant l'*income-tax* en pleine paix, parce que l'on avait essayé vainement, avant lui, de toutes les autres combinaisons pour ramener l'équilibre entre les revenus et les dépenses parce que les produits de cet impôt devaient excéder 5 millions sterling et permettre de supprimer ou d'adoucir des taxes qui foulaient le peuple ; enfin, parce que, l'impôt indirect étant à peu près l'unique source du revenu dans la Grande-Bretagne, il y avait lieu d'atteindre d'une manière directe des classes qui contribuaient trop faiblement aux charges publiques.

Je m'explique le projet de M. Goudchaux, car il procédait d'une doctrine plus générale, de celle qui voulait que le gouvernement nouveau eut, en matière d'économie politique, des idées à lui, et qui se proposait de créer, au rebours du monde entier, « des finances républicaines. » Ce projet était le premier anneau de la chaîne, le premier essai d'un système qui tendait à remplacer tous les impôts indirects par des taxes directement assises sur les fortunes. En grevant d'une contribution spéciale les revenus mobiliers, on se promettait de « ramener les capitaux vers l'agriculture, » et même, à un point de vue plus élevé, d'introduire, pour parler la langue de l'époque, la justice distributive dans notre régime financier. Il y avait là d'étranges illusions, mais qui procédaient du moins, on doit l'avouer, d'une sorte de logique.

M. le ministre des finances ne se place ni dans la situation, de sir Robert Peel, ni au point de vue de M. Goudchaux. Il impose un sacrifice aux contribuables, sans avoir l'excuse des bénéfices qui doivent en revenir à l'état ; il introduit une machine de guerre dans l'édifice financier sans être décidé ni à la destruction ni même à la réforme. Le mobile de sa conduite ne peut raisonnablement se déduire ni des principes ni des résultats. Si l'impôt sur le revenu devait rapporter les 320 millions qui forment, dans le budget primitif de M. Passy, la différence entre les dépenses et les recettes, s'il était destiné à combler le déficit et à nous rendre ainsi la liberté de notre action en Europe, il n'y aurait pas à balancer : nous braverions tous les inconvénients et les dangers inhérents à cette nature de taxes, la raison suprême, le salut du peuple en ferait une loi ; mais pour 60 millions, et avant d'avoir tenté d'autres moyens, s'exposer à semer en France la guerre sociale, c'est acheter à trop haut prix, en vérité, de trop médiocres bienfaits.

La nécessité ne marque donc pas l'impôt sur le revenu de son signe. Nous restons libres de l'examiner en lui-même et pour ce qu'il vaut, dans son principe aussi bien que dans ses conséquences.

L'impôt sur le revenu convient à l'enfance des sociétés. C'est la première forme des taxes. L'impôt se paie alors en nature : l'état, en ré compense de la protection qu'il donne à la société, et pour subvenir aux frais de cette tutelle dans la paix comme dans la guerre, prélève une part de produits. On lui attribue la dîme des fruits du sol, car le sol est à peu près la seule propriété, et l'agriculture la seule industrie de l'homme. Il y a là une forme simple de taxes en rapport avec un état social où les relations et les intérêts ont gardé leur simplicité primitive, qui ne connaît pas le travail manufacturier, qui a peu de commerce ; et où la richesse est encore à naître. Cet impôt est partout contemporain du pouvoir absolu, que le pouvoir appartienne à un prince ou à un prêtre ; il subsiste tant que la société conserve dans son gouvernement quelque chose de rudimentaire et de patriarcal. La dîme, ainsi que Turgot le fait remarquer, peut s'établir alors plus aisément qu'aucune autre taxe ; comme cette contribution est levée au moment de la récolte et dans la proportion des fruits, le contribuable a toujours de quoi payer, il paie sur-le-champ, sans frais pour lui et sans déchet pour l'état. Sur dix gerbes que son champ lui a données, le fisc en prend une, et tout est dit jusqu'à la moisson prochaine.

À mesure que la civilisation fait des progrès, que les peuples s'enrichissent, que les gouvernements perdent leur caractère municipal et paternel pour s'élever à la hauteur, des combinaisons politiques, la dîme tend à disparaître.

Dès que le propriétaire foncier cesse de cultiver lui-même ou de faire cultiver par des serfs attachés à la glèbe, et que la terre exploitée par le fermier produit une rente à son possesseur, alors naît et se développe un ordre de choses nouveau. Comment partager avec l'état dans une proportion quelconque, mais déterminée et exacte, des produits que l'on ne récolte plus en nature ? L'industrie et le commerce, quand ils viennent à prendre l'essor, sont un autre obstacle à l'établissement ou au maintien de la dîme ; ils ne peuvent pas lever sur les fruits de leur travail la part de l'état ou de l'église, car leur récolte ne commence qu'à l'instant où les produits de toute cette activité se convertissent en argent. Il arrive donc un moment, dans la marche des sociétés, où la dîme ne peut plus s'étendre à tous ceux qui devraient contribuer, aux charges publiques et où elle ne traite pas par conséquent selon la règle de l'égalité proportionnelle les contribuables qu'elle atteint.

La dîme est un impôt sur le revenu brut. Or, il s'en faut que le produit net réponde partout dans la même proportion au produit brut de l'industrie agricole. Cette proportion dépend des frais de culture, qui varient comme la fécondité du sol et l'habileté du cultivateur. Il peut arriver que le dixième brut enlève et même excède le produit net, que l'on entame ainsi la portion du cultivateur, et que, selon la belle expression de Turgot, « l'on fauche plus que l'herbe. » Aussi, dans les pays aristocratiques comme la Grande-Bretagne, où l'on conserve encore la dîme, a-t-il fallu, pour diminuer l'injustice de cette taxe, en venir à des compositions en argent.

À l'impôt sur le revenu brut devait succéder, dans l'ordre rationnel des événements et des idées, l'impôt sur le revenu net. La contribution du dixième ou du vingtième fut un progrès, si on la compare à la dîme ; car cette taxe embrassait toutes les fortunes et demandait plus exactement à chacun dans la proportion de ce qu'il pouvait posséder. Toutefois l'impôt sur le revenu net annonçait un état de société encore faiblement dégagé des mœurs patriarcales, et un gouvernement en quelque sorte domestique. La contribution, en effet, avait pour base les déclarations des contribuables, ce qui suppose un ordre social où tous les revenus sont au soleil, et où, tout le monde se connaissant, la mauvaise foi devient presque impossible. Cependant, même dans de telles condition, l'impôt sur le revenu n'a jamais été appliqué complètement ni sincèrement. La taxe foncière (*land tax*), qui était en Angleterre, dans l'origine du moins, une taxe applicable à tous les revenus, avait fini par n'être plus acquittée que par les propriétaires du sol. En France, le vingtième d'industrie ne donnait pas un revenu de 1,200,000 livres, à une époque (1786) où le vingtième établi sur le revenu du sol rendait près de 22 millions. D'où l'on peut conclure que, même dans les circonstances les plus favorables, lorsque la taxe du revenu dérivait de la nature du gouvernement et de l'état de la société, elle n'a jamais réalisé cet idéal, que l'on cherche de nos jours, de la justice distributive.

L'impôt du revenu est, sous une autre forme, la question de l'impôt unique. Si l'impôt du revenu a le mérite, en effet, de se proportionner seul exactement aux facultés des contribuables, s'il est le seul juste, le seul qui se perçoive aisément et à peu de frais, il doit nécessairement remplacer tous les autres. Je le conçois comme un système exclusif dominant avec la rigueur d'un principe ; il ne

Léon Faucher

s'expliquerait plus, accepté à titre d'accident fiscal et d'auxiliaire. Quand on saisit directement le revenu pour lui faire payer tribut au moment même où il se forme, on s'interdit de chercher encore à taxer indirectement les ressources individuelles, en incorporant un ou plusieurs impôts au prix des objets de consommation. Qui voudrait se soumettre aux exigences de l'*income tax*, s'il ne devait pas être affranchi, au moyen de ce sacrifice, des péages que lève l'impôt indirect sur les denrées et sur les marchandises ? Combinée avec d'autres principes et ajoutée comme une surcharge à d'autres taxes, toute contribution assise sur le revenu ne représente plus qu'une véritable exaction.

La théorie de l'*income tax* équivaut donc rationnellement à la théorie de l'impôt unique. Au XVIIIe siècle, cette querelle avait un autre nom. Les physiocrates voulaient alors ramener toutes les taxes à l'impôt foncier, prétendant qu'il n'y avait d'autre source de la richesse que la terre. Turgot lui-même, qui connaissait pourtant la valeur créatrice du travail, n'admettait pas que l'industrie eût des revenus qui lui fussent propres, ni qu'on pût l'imposer à raison de ses profits.[1]

La même idée est au fond des disputes plus récentes qu'a soulevées parmi les économistes la comparaison de l'impôt direct avec l'impôt indirect. Les partisans des taxes de consommation ont eu longtemps pour eux la vogue des doctrines et la sanction d'une pratique à peu près universelle. Douanes et droits réunis, taxes sur les denrées de première nécessité et sur les matières premières aussi bien que sur les objets de luxe, l'esprit fiscal des gouvernements n'a rien laissé à inventer. Il n'en est pas un qui n'ait abusé de la facilité avec laquelle on peut taxer les besoins du peuple. On a imposé et surimposé les boissons, le sel, la mouture et jusqu'à l'air que respirent le cultivateur et l'ouvrier. En Angleterre, les taxes indirectes ont longtemps fait seules les frais du budget de l'état. En France, la restauration qui avait promis témérairement il est vrai, d'abolir les droits réunis, s'empressa de porter le premier dégrèvement d'impôt au compte de la propriété foncière. C'était l'époque où les

---

1 Voici les paroles de Turgot : « L'imposition du vingtième d'industrie me parait en général assez mal entendue. L'industrie n'a que des salaires ou des profits qui sont payés par le produit des biens-fonds et qui ne forment point une augmentation dans la somme des revenus de l'état. »

théoriciens de l'économie politique ne se bornaient plus à soutenir que l'impôt indirect se percevait facilement, insensiblement et sans souffrance, mais où ils allaient jusqu'à prétendre que les taxes de consommation, dans une certaine mesure, agissaient comme un stimulant sur le travail et sur l'industrie.[1]

Depuis quelques années, une réaction tout aussi exagérée s'opère dans les esprits en faveur des taxes directes. La sympathie qu'inspire à bon droit le sort des classes laborieuses concourt à fausser les idées en matière d'impôt. En partant du principe qui veut que chacun contribue aux charges de l'état dans la proportion de ses ressources, on condamne les taxes de consommation dont le produit se mesure nécessairement à l'étendue de la consommation, et non à l'importance des fortunes. On prétend qu'elles aggravent dans tous les cas la condition de l'ouvrier, qu'elles gênent souvent l'industrie et font obstacle au commerce. On se prévaut, en outre, de ce qu'une partie notable du produit est absorbée par les frais de perception, ces frais descendant même à 3 pour 100 dans quelques taxes directes, et s'élevant dans certaines taxes indirectes jusqu'à 15 pour 100.

L'une et l'autre opinion ne sont pas puisées dans le fond des choses. Tout impôt a des défauts qui se révèlent à l'application, ou qui sont inhérents au principe même de la taxe. Il n'y a que les dons volontaires qui en soient exempts ; et qui conseillerait aux gouvernements de compter, dans leurs nécessités, sur le seul effort des libéralités individuelles ? L'impôt direct ne ruine pas l'état, cela est vrai, en frais de perception, et il semble plus conforme à l'égalité proportionnelle ; mais en revanche il vient frapper le contribuable à toute heure, que celui-ci ait ou non réalisé ses revenus, et

---

1 « L'impôt indirect, en ajoutant successivement un surcroît de prix aux articles de consommation générale et journalière, au moment où tous les membres de la société ont contracté l'habitude de ces consommations, rend ces divers articles un peu plus coûteux à acquérir, c'est-à-dire qu'il donne lieu à ce qu'il faille, pour se les procurer, un surcroît proportionné de travail et d'industrie. Or, si cet impôt est mesuré de manière à ne pas aller jusqu'à décourager la consommation, ne semblerait-il pas, dans ce cas, agir comme un stimulant universel sur la partie active et industrieuse de la société, qui l'excite à un redoublement d'effort pour n'être pas obligé de renoncer à des jouissances que l'habitude lui a rendues presque nécessaires, et qui, en conséquence, donne un plus grand développement aux facultés productives du travail et aux ressources de l'industrie. » (Garnier, préface de la traduction d'Adam Smith.)

Léon Faucher

il apporte presque toujours avec lui de la gêne ainsi que du découragement ; il met l'état en présence des personnes, et de là les procès, les exécutions, les conflits qui accompagnent quelquefois le recouvrement de cette taxe. L'impôt de consommation au contraire n'atteint qu'indirectement le consommateur. Il semble, quand on l'acquitte, qu'on le paie volontairement et que l'on se taxe en quelque sorte soi-même ; mais pour n'être pas senties, pour ne pas devenir odieuses, pour ne pas allumer la flamme de la sédition parmi les contribuables, il faut que ces taxes soient très modérées. Pour peu qu'elles gênent les goûts ou qu'elles contrarient les habitudes, il vaudrait mieux y renoncer. Ce n'est pas leur nature assurément, c'est l'abus que l'on en a fait qui les a rendues impopulaires.

Au reste, il paraît maintenant superflu de débattre, comme en champ clos, les mérites respectifs de l'impôt direct et de l'impôt indirect, puisque nous avons besoin de l'un et de l'autre. Comment tirer d'une seule forme de taxe, quelque féconde qu'elle soit, les 13 ou 1,400 millions qui, dans un temps régulier, composent le revenu de l'état ? Il faudrait pour cela revenir aux budgets du roi Dagobert. Peut-on demander 1,300 millions a l'impôt direct, quand le revenu net des propriétaires fonciers n'atteint pas 2 milliard en France, 2 milliards dont nous avons à déduire 5 à 600 millions pour l'intérêt des créances hypothécaires ? Est-ce l'Angleterre qui convertira tous ses impôts en une taxe établie sur les propriétaires du sol, elle dont le revenu foncier, estimé à 30 millions sterling, est à peine supérieur à l'intérêt de sa dette inscrite, et qui dépense annuellement près de 50 millions ster. Tant que les peuples civilisés entretiendront des armées permanentes et tant qu'ils auront des intérêts nombreux à administrer, un gouvernement à faire respecter, une police à maintenir, des routes, des écoles, des prisons et des hospices à entretenir sana parler de la sollicitude que réclament l'agriculture, le commerce et l'industrie, la nécessité des gros budgets restera démontrée, quelque économie que l'on emploie et quelque système d'administration que l'on suive. Or, plus les dépenses de l'état sont considérables, plus on est conduit à multiplier et à diversifier les formes de l'impôt. Vauban lui-même rend hommage à cette loi des faits sociaux dans son projet de la *Dîme royale*, car, sous le nom de la *dîme royale* et sous couvert de l'impôt unique, il cache quatre ou cinq différentes sortes d'impôts : il admet la taxe du sel, les aides ou impôts indirects, les douanes et même la patente, et des 117 millions auxquels il porte le revenu public, la dîme des fruits de la terre n'en doit rendre que 60. C'est, au chiffre près, notre budget actuel, avec son mélange de taxes directes et de taxes de consommation.

En principe, les formes de l'impôt doivent se multiplier avec celles de la richesse. Pour trouver l'impôt unique, il faut remonter à l'époque où tout le revenu de la société se tirait du sol ; mais dans un temps où la richesse mobilière égale et surpasse très souvent la richesse foncière, lorsque la culture des champs n'est plus la seule profession honorable et lucrative, quand l'industrie, le commerce, les professions libérales, les fermages et les rentes ouvrent à l'activité de l'homme les sources innombrables qui peuvent alimenter son existence, il convient alors que l'état fasse sa récolte au moyen de divers modes d'impôt La puissance et l'utilité des capitaux s'accroissent par la circulation. Saisir le revenu au moment où il se forme et se distribue, suivre la richesse dans ses transformations, est aussi un des problèmes que l'impôt doit résoudre. Voilà ce qui rend nécessaires les taxes de consommation. Tel peut aisément payer, goutte à goutte, à l'impôt indirect 20 à 30 francs par année, qui laisserait vendre son mobilier plutôt que de verser en bloc 5 ou 6 francs entre les mains du percepteur des contributions directes.

Il y a un équilibre à maintenir entre les deux principales directions de l'impôt, équilibre qui dérive de l'état de la société et de la nature des choses. Le progrès même de la richesse peut en changer les proportions, et c'est ce qui oblige un gouvernement sage à réviser périodiquement l'assiette des contributions ainsi que les bases du budget. Le moment de cette révision était arrivé pour nous, quand la révolution de février, dissipant les ressources et paralysant les forces productives du pays, a suspendu violemment le cours des réformes financières. Cependant il y avait bien plutôt à remanier en vue d'une distribution meilleure qu'à supprimer ou qu'à restreindre les taxes de consommation, qui représentent à peine, dans le budget des recettes, un contingent de 40 pour 100.[1]

1 Dans le budget de 1843, sur 1,206 millions de recettes ordinaires, les contributions indirectes, les produits des douanes et sels, ceux des postes et de l'université, figurent pour 498 millions. Dans celui de 1847, sur une recette de 1,331 millions, les impôts de consommation figurent pour 522 millions, environ 39 pour 100.

Léon Faucher

Si on voulait établir un principe général dans cette matière, où les règles varient comme la situation de chaque peuple, ce serait peut-être la convenance de développer en temps de paix les taxes de consommation qui servent, pour ainsi dire, de thermomètre à la richesse, et de réserver pour les cas de guerre la pesée à faire porter sur les taxes directes ou foncières, auxquelles la fortune acquise ne peut pas se dérober. C'est comme impôt de guerre que l'impôt du revenu, l'*income tax*, fut introduit par M. Pitt dans le budget de la Grande-Bretagne. Chez nous, le décime de guerre ajouté par Napoléon aux impôts de consommation en vertu d'un autre principe, est encore maintenu après trente-cinq années de paix.

On se prévaut de ce que le gouvernement britannique a rétabli l'*income tax* dans un moment où non-seulement l'Angleterre, mais encore le monde entier était livré à une tranquillité profonde. Ce phénomène inattendu dans l'histoire des finances tient à l'abus que l'aristocratie, qui occupait et qui exploitait le pouvoir, avait fait des impôts de consommation. En 1842, lorsque sir Robert proposa le rétablissement de la taxe du revenu, les taxes indirectes subvenaient presque seules aux dépenses de l'état. La propriété foncière ne contribuait que pour 2,878,484 livres sterling, représentant le total de l'impôt assis sur la terre et de la taxe des fenêtres, à un budget dont les recettes s'élevaient à 52,315,433 livres sterling. Elle supportait a peine un vingtième des charges publiques. Cette brèche énorme faite à la justice distributive est déjà bien ancienne dans la Grande-Bretagne ; mais elle allait toujours s'élargissant avec le temps. On a calculé que la propriété foncière qui contribuait encore pour un sixième au paiement des taxes pendant les trente années du règne de George II, pour un septième pendant les trente-trois premières années du règne de George III, qui comprenaient la guerre d'Amérique, et pour un huitième ou pour un neuvième seulement, en dépit de l'*income tax*, de 1796 à 1816, n'avait plus participé, depuis la paix jusqu'au rétablissement de l'impôt sur le revenu en 1842, que dans la faible proportion d'un vingt-quatrième aux charges annuelles de l'état.[1]

Cette immunité scandaleuse, dont avaient joui si longtemps et dont jouissaient encore en 1842 les propriétaires de biens-fonds ainsi que les détenteurs de capitaux, criait assurément vengeance ;

1 *Aristocratic taxation.*

mais il y avait encore un antre motif pour faire revivre un impôt direct c'est que les taxes de consommation ne suffisaient plus aux dépenses de l'état. La nécessité parlait encore plus haut que l'équité. En vain les whigs avaient-ils tenté de combler le déficit par une espèce de vingtième de guerre ajouté tant aux droits de l'*excisce* qu'à ceux de l'*accise* ; les produits restaient inférieurs aux dépenses, et le déficit annuel approchait de 3 millions sterling. L'*income tax* rétablit l'équilibre, en même temps qu'il fit contribuer les bourses jusque-là trop ménagées. Même encore après cette réparation qui honore au même degré le jugement et le courage de sir Robert Peel, les taxes de consommation demeurent la principale source du revenu en Angleterre. En effet, dans les 48 millions juillet 1818 jusqu'au 5 juillet 1849, l'*income tax* et les taxes assises, qui sont des impôts de luxe ou des taxes établies sur la propriété, ne figurent que pour 9,701,583 livres sterling, soit environ pour un cinquième. La griffe de l'aristocratie reste, comme on voit, fortement empreinte sur le système financier.

Pour démontrer que l'assiette de l'impôt n'a point été déterminée en France par l'intérêt exclusif d'une ou plusieurs classes de citoyens, et que la taxe du revenu n'aurait point à corriger chez nous ces inégalités choquantes que l'on remarque chez nos voisins, il suffit de faire l'anatomie du budget des recettes. Prenons la dernière année de la monarchie, bien qu'elle présente des résultats déjà sensiblement affaiblis.

Les revenus de l'état, en 1847, s'élèvent à la somme de 1 milliard 331,775,197 francs.[1]

Voici comment ces revenus se décomposent par rapport aux diverses catégories de contribuables qui sont appelées à en supporter la charge. Dans cette somme de 1,331 millions, les impôts payés par les propriétaires, par les capitalistes et par les chefs d'industrie, tels que la contribution foncière, la contribution personnelle et mobilière, celle des portes et fenêtres, les patentes, les droits de timbre et d'enregistrement, représentent un total de 694,073,695 francs, soit 52 pour 100 du budget.

Les taxes supportées principalement par les classes laborieuses parce qu'elles sont en plus grand nombre, comme les droits établis

1 Depuis que ces lignes sont écrites, M. le ministre des finances a publié le compte définitif de l'année 1847, qui en élève les recettes à 1,343 millions.

Léon Faucher

sur les boissons et sur les sels, ainsi que le dixième prélevé par le trésor sur le produit des octrois communaux, compte pour 182,226,138 francs, soit environ 13 et demi pour 100.

Les taxes indirectes, qui pèsent plus particulièrement sur la classe moyenne, mais qui retombent aussi, quoique plus faiblement, sur les ouvriers et sur les laboureurs, et que, pour cette raison, j'appellerai mixtes, tels que les droits de douanes, la taxe des sucres et celle des lettres, le dixième du produit des places dans les voitures publiques, donnent 247,344,878 francs, soit 18 et demi pour 100.

Les taxes et monopoles de luxe, qui vont droit aux consommations du riche, le monopole des tabacs et celui des poudres à feu, produisent 124,693,917 francs, soit un peu plus de 9 pour 100.

Enfin l'état retire de la vente des bois, des droits de pêche, des produits des domaines et autres sources que j'appellerai neutres, une somme de 77,732,397 francs, soit environ 6 pour 100.

Voilà donc en résultat et au vrai quelles étaient, avant la révolution de février 1848, ces inégalités de l'impôt dont on a fait tant de bruit. Deux taxes de consommation, celle des boissons et celle de sels pesaient sur les classes qui vivent du travail de leurs bras dans une proportion qui ne se mesurait pas à la fortune. Ces classes supportaient la plus grande part de deux impôts dont le produit cumulé ne représentait pas 14 pour 100 des sommes payées par tous les contribuables. Ajoutez encore à cette somme le produit intégral des octrois, environ 54 millions, et la contribution des classes laborieuses ne s'élèvera pas encore à 18 pour 100. Peut-on dire que dans un pays où la classe, la plus nombreuse subvient à peine dans la proportion d'un cinquième aux charges de l'état, le budget ne soit pas démocratique ?

L'assemblée constituante, en réduisant des deux tiers l'impôt le du sel, a voulu améliorer la condition du peuple ; c'est dans le même intérêt que l'on demande la suppression définitive de l'impôt sur les boissons. L'état de nos finances, avant toute autre considération, ne permet pas ce sacrifice. Il y aura lieu, sans contredit, quand nous verrons poindre le retour des prospérités publiques, à modifier largement le système des droits que les boissons acquittent ainsi que le régime beaucoup trop oppressif des octrois ; mais il ne serait ni juste ni prudent de rayer de notre code fiscal les contributions indirectes. En matière d'impôt, il ne faut d'immunités pour aucune classe de citoyens. Ne faisons pas, par une philanthropie mal entendue, dans l'intérêt du plus grand nombre, ce que nous reprochons à l'aristocratie d'avoir fait, avant 1789 ; par orgueil autant que par égoïsme. Le revenu de l'état est employé au profit de tout le monde, il convient que tout le monde y contribue On n'a pas voulu de noblesse en haut ; qu'on ne nous fasse pas, même par les privilèges en matière de finances, une noblesse d'en bas.

Ainsi, l'équilibre existe entre les divers éléments dont se forme le budget des recettes, et, s'il y a lieu à dégrever ou plutôt à modifier les contributions indirectes, il ne peut pas être sérieusement question d'apporter la moindre aggravation aux charges de l'impôt direct. M. Passy le reconnaît lui-même quand il dit que l'impôt foncier touche à ses limites extrêmes ; car les contributions directes en France sont assises presque exclusivement sur le sol. Je conviens que l'assiette de l'impôt présente une lacune regrettable. Ce système, dont la première assemblée constituante posa les bases, et dont le gouvernement impérial compléta le mécanisme, supposait une richesse mobilière peu développée, et la traitait comme un embryon dont il ne fallait pas gêner l'organisation ni la croissance. De nos jours, la fortune mobilière du pays a pris un grand essor. La contribution personnelle et mobilière, jointe à celle des patentes, ne lui fait, pas une part suffisante en l'obligeant à payer 110 millions sur les 432 millions que produit l'impôt direct. Le capitaliste qui possède des rentes sur l'état ou des valeurs de portefeuille, qui place son argent sur effets de commerce ou sur hypothèque, est infiniment mieux traité que celui qui a pour capital un fonds de terre, ou qui tire son revenu du loyer d'une maison. Il y a là une richesse beaucoup trop exonérée et qui doit tribut cependant à la puissance publique.

Lorsque les hommes qui s'étaient chargés de gérer nos finances après les convulsions de février ont entrepris de combler cette lacune de l'impôt, ils étaient donc incontestablement dans leur droit ; mais avaient-ils bien jugé l'opportunité de la tentative ? Était-ce bien au moment où la tourmente révolutionnaire, soufflant sur toutes les valeurs mobilières, les avait frappées de dépréciation et de stérilité, que l'on pouvait jeter sur ces ruines la calamité d'un nouvel impôt ? Le trésor, qui suspendait ses paiements, était-

Léon Faucher

il fondé à exiger des capitalistes qu'il égorgeait un surcroît de privations et de sacrifices ? Ajoutons que l'époque approchait où l'état, pour subvenir à ses dépenses, devait faire appel au crédit. N'était-ce pas aggraver par avance pour lui les conditions d'un emprunt, que d'effrayer et de rançonner tout à la fois les rares capitaux qui pouvaient rester disponibles ?

Le gouvernement provisoire, sourd à ces considérations, décréta le 20 avril 1848 une contribution d'un pour 100 sur le capital des créances hypothécaires. L'impôt avait un caractère provisoire, on l'établissait pour l'année, et afin de faire contribuer les capitalistes, jusque-là exempts, disait-on, de la charge des grandes crises : c'était l'essai d'une taxe partielle sur le revenu. On s'en promettait une ressource de 45 millions Cependant l'opposition et les obstacles de tout genre que rencontrer cette mesure peu réfléchie déterminèrent bientôt le gouvernement à la modifier. Le 15 juillet, pour faire droit aux observations du comité des finances, M. Goudchaux présentait un projet nouveau qui exemptait de la taxe les prêts faits en exécution de l'ouverture d'un crédit commercial, ainsi que les créances appartenant aux hospices et aux établissements ou associations de bienfaisance. En même temps, la base de l'impôt était changée. Au lieu de l'asseoir sur le capital combinaison barbare qui coupait par le pied l'arbre dont, on voulait recueillir les fruits, on la fixait au cinquième des intérêts de la créance. L'exécution du décret devenait ainsi moins problématique, mais l'impôt ne devait plus rendre que 20 à 25 millions au lieu de 45 ; c'était pour une somme relativement aussi modique que l'on allait troubler dans leur existence une multitude de prêteurs dont la moitié au moins étaient de bien petits capitalistes et avaient fait des prêts de 400 francs et au-dessous.

« Même en admettant des exceptions fort arbitraires, disait le rapporteur du décret, M. de Corcelles, l'impôt proposé n'aurait pas de base, connue ; l'évaluation de son produit serait dès-lors incertaine ; il grèverait le débiteur et le propriétaire gêné dans une plus forte proportion que celle du sacrifice demandé au créancier capitaliste ; il porterait atteinte à la facilité des mutations, à toutes les transactions industrielles et commerciales, en élevant le taux de l'intérêt de l'argent ; il retomberait sur la propriété foncière, déjà surchargée de la contribution extraordinaire des 45 centimes ;

il enlèverait de la sorte à l'agriculture une plus grande partie des ressources nécessaires à ses perfectionnements, et diminuerait le gage qu'elle peut offrir pour la garantie de son crédit ; il altérerait la sécurité nécessaire à la libre circulation et à la production des capitaux, éloignerait en particulier les capitalistes étrangers, dont le concours est plus que jamais désirable ; il produirait des pertes sensibles sur les droits existants de l'enregistrement, des hypothèques et du timbre ; il nuirait au crédit même de l'état. »

Ainsi, au point de vue de la richesse mobilière, le décret avait l'inconvénient de n'en atteindre qu'une partie. Il frappait les créanciers hypothécaires, mais il exemptait les créanciers chirographaires, les créanciers de l'état et les porteurs d'actions industrielles. L'impôt ne saisissait même pas les contribuables auxquels on avait la prétention de s'adresser, car on avait beau décréter qu'il serait payé par le créancier, l'argent étant alors beaucoup plus demandé qu'il n'était offert, la taxe devait retomber sur le débiteur de tout son poids. Le décret paraissait donc tout ensemble partial et illusoire. Il alarmait la richesse mobilière et aggravait la condition de la richesse immobilière, effrayait le prêteur et ruinait l'emprunteur. Le seul effet général qu'il pût produire était, comme M. de Corcelles l'a fait remarquer, l'élévation du taux de l'argent, qui s'étend d'un ordre d'intérêts à tous les autres, et dont l'état devait souffrir à son tour après les contribuables.

Ces considérations, qui avaient déterminé le comité des finances à rejeter le projet de M. Gouchaux et à proposer l'abrogation pure et simple des décrets du 20 au 26 avril, prévalurent devant l'assemblée constituante contre l'insistance désespérée du gouvernement. Le principe de l'impôt sur les créances hypothécaires fut définitivement repoussé à une majorité absolue de 19 voix.

La taxe décrétée par le gouvernement provisoire avait toutefois un caractère que n'ont pas conservé depuis, et cela est à regretter, tous les projets d'impôt qui ont prétendu s'adresser à la richesse mobilière. Elle faisait contribuer la chose et non la personne ; elle est directe et réelle et reposait sur une créance inscrite, comme la contribution foncière repose sur un champ ou sur une maison ; mais elle n'était pas personnelle, c'est-à-dire qu'elle ne reportait pas la charge sur le contribuable lui-même, à raison de ses facultés présumées. Sous ce rapport, il faut l'avouer, le gouvernement

Léon Faucher

provisoire avait mieux fait et avait moins osé que les ministres des finances qui lui ont succédé, même depuis le 10 décembre.

Toute la taxe qui n'a pas un caractère oppressif qui est un impôt mis sur le revenu. Sous une forme ou sous une autre, par la voie de contributions directes ou par celle des impôts de consommation, c'est le produit du capital qui paie tribut à l'état, ce n'est pas le capital même. Mais peut-on prendre le revenu pour ainsi dire à parti ? Est-il possible de taxer chaque citoyen, pour le revenu qu'on lui suppose, sans établir une véritable capitation, c'est-à-dire de toutes les formes d'impôt la plus vexatoire, la plus odieuse, celle qui a le plus souvent attiré sur la tête des gouvernements la colère ou l'indifférence plus fatale encore des peuples ? Dans l'impôt sur le revenu, la capitation affecterait, il est vrai, de se proportionner à la fortune de chaque contribuable ; il y aurait peut-être oppression, il n'y aurait pas d'injustice. Toutefois la taxe serait encore attachée à la personne et la suivrait, au lieu de s'incorporer aux biens et de se transmettre avec eux. C'est le procédé des temps barbares ; c'eût la contribution de guerre : seulement on n'a pas l'excuse de la lever en pas ennemi.

Le projet d'impôt sur le revenu mobilier, présenté à l'assemblée constituante le 4 août 1848, fut le second pas dans cette voie de déraison dans laquelle on avait engagé nos finances. M. Goudchaux ne se proposait pas seulement « d'établir l'égalité proportionnelle entre les charges qui pesaient sur les revenus mobiliers et celles qui atteignaient les revenus immobiliers ; » il affichait une pensée plus ambitieuse. Il voulait « ramener à l'agriculture les capitaux et les bras maintenant détournés vers les opérations industrielles et vers les grands centres de population. » En ce temps-là, un ministre ne craignait pas de se poser en régulateur du travail et de la richesse. On avait la prétention de diriger l'emploi, des capitaux en aggravant d'un côté et en allégeant de l'autre le fardeau des taxes, comme si les capitaux n'étaient pas déterminés dans leurs tendances par les risques qu'ils peuvent courir, combinés avec les profits que le capitaliste s'en promet ! Passe pour renverser un gouvernement ; mais on ne change pas à volonté les lois de l'économie politique.

M. Goudchaux évaluait à 3,716 millions les revenus mobiliers de la France, savoir :

L'Impôt sur le revenu

Bénéfices réalisés par les fermiers dans l'exploitation agricole	1,066,000,000 fr.
Profits obtenus par le commerce et par l'industrie déduction faite des charges.	1,100,000,000
Produit net des offices ministériels et des professions libérales	300,000,000
Pensions et traitements publics, non compris les traitements militaires, jusqu'au grade de capitaine et de lieutenant de vaisseau	260,000,000
Les salaires pour un dixième de leur chiffre réel	300,000,000
Les rentes, dividendes, intérêts de créances et annuités	510,000,000

Sur cette somme de revenus qu'il réduisait à 3 milliards, de peur de mécompte, M. Goudchaux établissait une taxe de 2 pour 100 ; mais les souvenirs qu'avait laissés la dernière opération de recensement, autant que la difficulté de proportionner la contribution aux facultés de chaque contribuable, le déterminaient à en faire un impôt de répartition qu'il portait à 60 millions.

Le projet souleva dans les bureaux de l'assemblée constituante une réprobation à peu près unanime. Les uns s'en prirent au principe, les autres à la forme sous laquelle cette taxe était introduite ; quelques commissaires à peine furent nommés comme partisans décidés de l'impôt. Dans le sein de la commission, le projet ministériel ne rencontra pas une faveur beaucoup plus grande. La commission délibéra sous l'empire d'une préoccupation exclusive ; comme le dit M. de Parieu lui-même dans son remarquable rapport, il ne fallut rien moins que « la conviction profonde des besoins du trésor exprimés devant elle d'une manière pressante par le ministre des finances pour la déterminer à proposer l'adoption du projet. » Avant de s'y résigner, elle avait frappé à toutes les portes, et avait discuté vainement diverses combinaisons d'impôt ; car le gouvernement seul possède les éléments nécessaires quand il s'agit

Léon Faucher

d'établir de nouvelles contributions, pour en mesurer la portée et pour en déterminer l'assiette.

Cependant la commission, en subissant le principe de la taxe, en avait modifié largement les combinaisons. L'impôt de répartition avait disparu pour faire place à un impôt de quotité, qui était porté à 3 pour 100 du revenu imposable. On exemptait les bénéfices de l'exploitation agricole, afin d'encourager la conversion du colonage partiaire en fermage et pour ne pas changer les conditions fiscales sous l'influence desquelles s'opérait la culture du sol les dettes et les charges devaient être déduites dans l'estimation du revenu ; enfin, l'on affranchissait de la taxe les revenus inférieurs à 400 francs dans les communes où il n'existait pas de droit d'entrée, les revenus inférieurs à 600 francs dans les communes qui avaient moins de vingt-cinq mille âmes de population, et les revenus inférieurs à 700 francs dans les communes qui comptaient plus de vingt-cinq mille âmes.

Les motifs qui déterminèrent la commission à substituer à l'impôt de répartition l'impôt de quotité sont, à notre avis, sans réplique. Le ministre lui avait en quelque sorte donné raison par avance en présentant le premier système comme un expédient transitoire et comme un moyen pour arriver au second. À quoi la commission répondait que, si la taxe de répartition était admissible, ce ne pouvait être, au contraire, qu'en faisant suite à la taxe de quotité, après de longs travaux et à l'aide des documents nombreux qui tendaient à mettre à nu la fortune de chaque contribuable. En un mot, le gouvernement s'était écarté de la combinaison qu'il déclarait lui-même la plus rationnelle, de crainte de ne pas obtenir immédiatement les 60 millions qui lui étaient nécessaires, et la commission pensait que cet avantage, en le supposant aussi réel qu'il était hypothétique, ne saurait contre-balancer les inconvénients et les injustice que le mode proposé entraînait avec lui.

La répartition, M. le rapporteur l'a démontré, était au reste impossible. Le gouvernement proposait que chaque département supportât un contingent qui serait déterminé par des chiffres composés de sa contribution mobilière et de sa part dans l'impôt des portes et fenêtres.

« La répartition de l'impôt mobilier, dit M. de Parieu, offre déjà des imperfections qu'il serait dur de multiplier ; mais supposons même que le contingent dans la contribution mobilière corresponde exactement au chiffre de ses valeurs locatives, l'égalité hypothétique de ces valeurs, ainsi que du nombre des portes et fenêtres, entraînerait-elle comme conséquence l'égalité de la richesse mobilière dans deux départements que nous voudrions comparer ? L'un d'eux peut être purement agricole, sans industrie et sans commerce extérieur ; tous les revenus y proviennent du sol, obéré même d'une dette considérable au profit des capitalistes des pays voisins, l'autre joint aux ressources de son agriculture celles du commerce et de l'industrie ; l'épargne y est commune, les capitaux y sont abondants. Cependant ils peuvent supporter, dans les contributions mobilières, ainsi que des portes et fenêtres, des contingents égaux. Les signes adoptés pour mesurer la richesse mobilière des départements, et qui serviraient de base à la répartition indiquée dans le projet de M. le ministre, sont donc sans application rationnelle aux sources du revenu mobilier que nous avons déclarés imposables…

« Dans deux départements qui auraient par hasard, nous le supposons, la même somme de richesses imposables indiquées par les mêmes contingents pris pour bases de répartition, la seule différence dans la distribution des revenus amènerait, à raison des *minimum* admis, une diversité profonde dans les sommes de richesses réellement soumises à l'impôt. Plus le sol serait morcelé et plus les fortunes exemptes de l'impôt y occuperaient une grande partie des habitations, des terres, des biens de toute nature, plus aussi dès-lors l'impôt concentrerait son poids sur les contribuables assujettis à la taxe. Les départements où le sol et l'industrie sont le plus divisés seraient ainsi ceux dont les habitants souffriraient le plus gravement des conséquences d'une répartition pesant sur eux en raison inverse de leur nombre et du total de la richesse imposable entre leurs mains…

« Cette défectuosité choquante du système, considéré au sommet de la répartition, ne pourrait que grossir en descendant du contingent départemental à celui de l'arrondissement, de la commune, et enfin du simple contribuable. Sans renseignements préparés touchant la richesse mobilière des habitants chaque arrondissement et de chaque commune, les conseils locaux, réduits

Léon Faucher

à rechercher les sommes totales d'éléments partiels non recensés et en grande partie inconnus, procéderaient arbitrairement, s'ils ne préféraient abandonner la responsabilité au préfet…

« Il pourrait arriver que, dans certaines communes, il y eût non-seulement des contingents sans contribuable, ce qui ne serait nuisible qu'au trésor, mais plus souvent encore des contingents supérieurs aux revenus imposables, grévant un ou deux contribuables dans des proportions incalculables et monstrueuses, tandis qu'ailleurs peut-être l'impôt ne s'élèverait pas à ce chiffre de 2 pour 100 indiqué dans l'exposé des motifs, et qui ne serait qu'exceptionnellement une vérité. »

M. de Parieu fait encore entrevoir le cas où les commissions municipales, chargées par l'article 7 du projet de la répartition entre les habitants de la même commune, refuseraient d'y procéder, s'arrêtant ainsi devant la responsabilité qu'elles encourraient par leur visa, par leur contre-seing attaché à des perceptions excessives. Dans ce cas, la résistance des répartiteurs équivaudrait au refus de l'impôt. Le refus de l'impôt, voilà ce qui était au fond du système de répartition que M. de Parieu a justement qualifié de *loterie fiscale*. L'arbitraire aboutissait à l'impuissance.

Mais, en décidant que l'impôt sur le revenu serait une taxe de quotité, la commission se condamnait au système des déclarations et à la recherche des fortunes. Soit timidité, soit fausse honte, elle n'y était pas entrée résolument. Le projet amendé confie à une commission cantonale le soin de dresser les matrices de l'impôt ; la déclaration du contribuable, dont on a craint de faire le point de départ de l'impôt, intervient, sous forme de réclamations, soit auprès de la commission cantonale qui doit instruire, soit auprès du conseil de préfecture qui statue. Par quels moyens et sur quels renseignements les commissaires de canton détermineront-ils le revenu mobilier, qui est, à proprement parler, le secret du contribuable ? Comment, en l'absence de sa déclaration, qui peut seule révéler ce mystère, parviendront-ils à le percer ? Évidemment les évaluations n'auront pas de base : c'est donc encore l'arbitraire au début, avec l'injustice au terme. On comprend que l'assemblée constituante, malgré l'incontestable majorité dont y disposaient les républicains de la veille, placée en face de cette perspective accablante, ait cru devoir laisser tomber la question, et qu'elle n'ait pas abordé le débat.

Ce que l'assemblée constituante n'avait pas osé faire, M. le ministre des finances l'entreprend. Il ne s'agit plus, dans le projet présenté le 9 août dernier, d'un impôt spécial sur le revenu mobilier. C'est un impôt général sur le revenu que M. Passy propose. Le projet n'est ni long ni compliqué ; douze articles suffisent à l'application du système, et l'on sent, en le lisant, que l'auteur n'y a point marchandé les difficultés. M. le ministre des finances attend 60 millions de la nouvelle taxe ; mais comme il la demande à l'ensemble des revenus de toute nature, c'est une contribution de 1 pour 100 qu'il frappe sous la forme apparente d'un impôt de quotité, il n'y a point de *minimum* qui détermine certains revenus non imposables le projet de loi décide que tous les contribuables imposés à la contribution personnelle, c'est-à-dire qui doivent à l'état l'équivalent de trois journées de travail, acquitteront, dans la proportion de leurs ressources, la contribution assise sur le revenu.

Ainsi, point d'exemption d'impôt en faveur des petites fortunes. M. le ministre des finances a voulu demander peu à chacun, mais appeler tout le monde à contribuer, en n'exceptant que l'indigence. C'est la meilleure partie de son projet. M. Passy a fait justice de cette fausse théorie qui prétend que l'impôt doit affranchir le nécessaire et ne porter que sur le superflu. Qu'est-ce, en effet, que le superflu ? Où commence-t-il et où s'arrête le nécessaire ? Le nécessaire varie comme les situations, comme les besoins, comme les individus ; c'est 2,000 francs de revenu jour l'un et 10,000 pour l'autre. Il n'y a rien de plus arbitraire qu'une pareille distinction. En Angleterre, on exempte aujourd'hui de l'impôt les revenus inférieurs à 150 livres sterl. ; M. Pitt avait fixé la limite, le *minimum* à 60 livres sterl. 150 livres sont-elles donc la mesure du nécessaire pour la Grande-Bretagne en 1849, et cette mesure descendait-elle bien réellement à 60 livres en 1797 ? Où placera-t-on la limite en France ? Y a-t-il rien de plus relatif et de plus difficile à déterminer dans un pays démocratique ? Taxer ce que l'on appelle le superflu, c'est en tout cas détruire l'épargne dans son germe ; c'est s'opposer à l'accumulation des capitaux ; c'est tarir la source de la richesse et par conséquent de l'impôt.

Quant à l'assiette de la taxe sur le revenu, M. Passy rend hardiment la déclaration du contribuable pour point de départ.

Léon Faucher

« Les contribuables, dit l'exposé en termes assez naïfs, auront à faire leur déclaration, s'ils le *jugent convenable*. En cas d'abstention de leur part, une commission spéciale fixera leur contingent (dans chaque commune), sauf à admettre toutes les réclamations qui paraîtraient fondées, toutes les justifications présentées en bonne et due forme. Les préfets arrêteront ensuite les chiffres résultant des évaluations et fixeront la somme à payer par les communes, à raison de 1 pour 100. La matrice sera ensuite communiquée aux répartiteurs communaux, qui auront la faculté de proposer des modifications en faveur de ceux des contribuables dont la position leur semblerait mériter des ménagements, mais sans qu'il doive en résulter des changements dans le contingent assigné à la commune. »

Ce système, dans lequel M. le ministre des finances pense avoir « combiné les avantages propres chacun des deux modes de quotité et de répartition, » pourrait bien réunir les inconvénients de l'un et de l'autre. En effet, l'avantage de l'impôt de quotité, avantage que l'on achète bien cher, puisqu'il faut subir, pour constater les valeurs sur une sorte d'exercice, c'est de ne payer que ce qu'on doit et dans la proportion de ce qu'on possède. Cette certitude disparaît complètement dans le projet de M. Passy, car les répartiteurs ont le droit de dégrever les contribuables qui réclament. Mais, la commune devant un impôt proportionné au revenu total de ceux qui l'habitent, la répartition fait retomber la part dont certains contribuables sont dégrevés sur d'autres qui étaient déjà taxés selon leur fortune. L'impôt combine ainsi la rigueur du mode avec l'arbitraire du résultat.

Avant de soumettre à la discussion le principe même d'une taxe sur le revenu, il convient d'examiner si l'on a pu, avec quelques chances de succès, la restreindre au revenu mobilier, ou si l'on agit au contraire plus rationnellement en l'étendant aux richesses de toute nature. M. Passy, dans son exposé, dirige une critique radicale contre le projet de M. Goudchaux.

« Les sociétés n'ont pas table rase en matière d'impôt. À cet égard, le passé exerce son empire, les faits existants en ont reçu l'empreinte, et partout la répartition des éléments dont se composent les fortunes privées s'est opérée sous les formes et dans les proportions sur lesquelles ont fortement agi les systèmes de taxation établis parmi nous. Par exemple, l'impôt s'est adressé spécialement à la terre ; la propriété mobilière, au contraire, a été ménagée à ce point que certaines de ses parties semblent jouir, d'une immunité complète. Qu'en est-il arrivé ? C'est qu'il a été tenu compte des exigences de l'impôt dans le placement des capitaux, et que l'équilibre de la valeur respective des diverses sortes de propriétés s'est rétabli, tel que le comportait la différence des garanties de sûreté, d'accroissement de prix et d'attrait que présentait chacune d'elles.

« Ce n'est pas, comme on l'a supposé parfois, parce que l'impôt ne les a que faiblement atteints que les capitaux mobiliers se trouvent être ceux qui d'ordinaire rapportent le plus ; c'est parce qu'à leur emploi se rattachent des chances de perte, de risque, des hasards dont sont exempts les placements immobiliers, et qu'il est juste qu'ils en obtiennent la compensation par une plus grande élévation de leur produit annuel. Quand un genre de propriété est ménagé par l'impôt, il est momentanément recherché avec plus d'empressement que les autres ; on le paie plus cher, mais bientôt l'affluence des capitaux employés à l'acquérir a ramené au niveau commun les avantages qu'il assure. Ainsi se passent nécessairement les choses.

« Ainsi, tout impôt qui vient à tomber sur des sortes de propriétés qui, jusqu'alors, n'en connaissaient pas le poids, change, au détriment général, les relations déjà établies entre les existences privées. On croit ne toucher qu'aux choses, ne faire que réparer une omission de la loi, on atteint rudement et exclusivement les personnes dont la fortune se compose en tout ou en partie, des biens auxquels sont demandées des rétributions nouvelles. Avec la portion des revenus qu'on leur ôte disparaît pour elles la partie du capital qui la produisait et il en ressort un manque de justice distributive qui se traduit en commotions économiques et en souffrances réelles.

« C'est là surtout ce qui interdit de prélever uniquement sur les revenus mobiliers les ressources dont l'état a besoin aujourd'hui. On n'obtiendrait ces ressources dans toute l'étendue nécessaire qu'au prix de subversions regrettables, et en condamnant une partie de la population à supporter des charges dont le poids nouveau serait accablant pur elle »

Léon Faucher

La théorie de M. le ministre des finances est présentée sous une forme beaucoup trop absolue ; les faits n'ont jamais, ils n'ont nulle part ces allures rectilignes. Si M. Passy avait raison, il ne faudrait, dans aucune circonstance, établir des impôts nouveaux ; il ne serait pas même permis d'augmenter les impôts existants car toute nouvelle taxe et toute aggravation des taxes établies agit sur la valeur des propriétés et change les conditions des fortunes. Cette doctrine est au fond celle de l'impôt invariable et mène à l'impôt unique. Ce sont les calculs de Ricardo combinés avec les illusions de Quesnay.

Il est désirable assurément que l'assiette des taxes ne subisse pas des variations fréquentes ni soudaines. Une certaine fixité dans le taux et dans le mode fait partie des principes que les économistes recommandent en matière d'impôt ; mais l'impôt, fût-il invariable, resterait encore exposé à la dépréciation qui s'attache à la valeur de l'argent. En fait et par tout pays, le système des taxes a éprouvé, depuis un demi-siècle, des remaniements qui tantôt portaient sur des parties et tantôt sur l'ensemble. Nulle part peut-être cette instabilité n'a été plus grande qu'en France. Sous la restauration, le principal de l'impôt foncier fut dégrevé dans une proportion très forte. Depuis 1830, l'invasion toujours croissante des centimes additionnels fit plus qu'annuler en résultat le dégrèvement opéré au profit des propriétaires du sol. L'accroissement que prirent, à dater de cette époque, les quatre contributions directes, ne s'élevait pas, en 1847, à moins de 95 millions, soit à 29 pour 100. Cette augmentation ne s'est pas répartie d'une manière égale entre les quatre contributions directes ; car les centimes additionnels, qui représentent 76 pour 100 dans la contribution mobilière, ne figurent plus que pour 42 pour 100 dans celle des portes et fenêtres, et pour 43 pour 100 dans celle des patentes. En prenant encore le point de comparaison dans les produits de l'année 1847, année de disette, dont les résultats n'ont pas égalé ceux de l'année précédente, on trouvera que les taxes de consommation rendent aujourd'hui 191 millions, soit 30 pour 100 de plus qu'en 1830 ; mais cet accroissement de recette n'a pas été obtenu par une aggravation d'impôt : il correspond aux progrès de la population et de la richesse.

Il suffit d'avoir sous les yeux les variations de l'impôt pour en induire que les taxes n'ont pas pu s'incorporer en France d'une manière directe ni absolue au prix des choses. J'ajoute que la solution de cette difficulté tient encore à d'autres éléments qui semblent avoir été négligés dans l'exposé de M. le ministre des finances. Et par exemple, dans l'assiette de l'impôt foncier il n'est pas vrai que la taxe soit toujours supportée par le propriétaire et prélevée en réalité sur la rente du sol. Cela dépend, en effet, quand le propriétaire n'exploite pas par lui-même, du rapport qui existe entre l'offre et la demande dans la culture des champs. Si les fermiers se font concurrence pour l'exploitation des terres, le fermage s'élève souvent jusqu'à faire bénéficier le possesseur de l'équivalent de la taxe ; il n'en reste tributaire que dans les contrées et aux époques où l'on a quelque peine à trouver des capitalistes qui aiment mieux être gros fermiers que petits propriétaires.

On n'est donc pas reçu à poser en principe que tout impôt nouveau change, comme le prétend M. Passy, au détriment général, les relations établies entre les existences privées. En premier lieu, ces relations, je crois l'avoir démontré, ne sont rien moins qu'immuables ; secondement, bien qu'il y ait toujours quelque péril et beaucoup d'inconvénients à établir une contribution nouvelle, telle taxe porterait un rude coup aux fortunes, aux existences, au crédit même, tandis que telle autre ne se traduira ni en souffrances privées ni en commotions publiques. Vous ne pouvez pas établir un impôt sur la rente, sans faire émigrer les capitaux vers des emplois plus profitables, sans donner une prime aux emprunts étrangers ; mais supposons que l'on ajoute 50 centimes aux cotes élevées de la contribution mobilière, quel ordre d'intérêts sera sacrifié aux autres, ou même frappé d'une surcharge qui le constitue en état de malaise, d'infériorité, d'oppression ?

Il y avait d'autres motifs pour repousser l'impôt sur le revenu mobilier. Sans entrer dans les considérations qui militent contre toute taxe sur le revenu, l'impôt demandé par M. Goudchaux avait l'inconvénient de faire double emploi avec la taxe mobilière et avec celle des patentes, et cela dans un moment où le contribuable supportait, outre le principal et les centimes additionnels ordinaires, le poids des 45 centimes que le gouvernement provisoire avait attachés aux quatre contributions directes. On voulait tirer encore du sang de ces veines qui avaient été déjà saignées à blanc.

Léon Faucher

On s'adressait au capitaliste, au manufacturier et au commerçant, c'est-à-dire aux principales victimes de la commotion imprimée en février à la machine politique ; on exigeait les plus grands sacrifices de ceux qui avaient le plus souffert ; on frappait aux sources les plus épuisées : c'était un procédé à la fois injuste et impolitique.

Les méthodes de perception doivent toujours être simples ; or, le projet de M. Goudchaux posait un problème aux agents du fisc. Comment distinguer dans le revenu des contribuables ce qui vient de la richesse mobilière de ce qui découle de la fortune immobilière ? Faire deux parts dans les ressources annuelles de chacun, ce serait un travail déjà bien difficile pour le contribuable et à peu près impossible pour le percepteur. Le monde ne se trouve pas partagé en prêteurs d'argent et en possesseurs de biens-fonds. Pour emprunter une expression qui a passé en proverbe, personne ne met tous ses œufs dans le même panier. On a un peu d'argent à faire valoir, et de la terre à mettre ou à entretenir en état de culture. Puis, il est rare que celui qui possède ne doive pas quelque chose à son tour. De tout revenu net il faut encore défalquer les dettes : sur quelle nature de revenu les imputera-t-on, là où le croît annuel de la richesse est puisé à une double source ? En supposant que le départ se fasse malgré les difficultés, quels seront les moyens de contrôle ? comment décider, quand il s'élève des réclamations ? Quelle large porte ouverte à la fraude d'un côté, et de l'autre à l'arbitraire !

Envisagé comme un expédient de circonstance, l'impôt projeté sur le revenu mobilier était donc un mauvais calcul ; au point de vue des principes, on ne pouvait pas l'avouer. Une taxe sur le revenu ne saurait en effet, se restreindre à une partie des revenus ; sans une contradiction flagrante. Cet impôt est la négation de tous les autres ; il saisit en bloc la quotité annuellement disponible pour les besoins de l'état, sur laquelle chacune des autres taxes prélève son tribut en détail. En le rendant partiel, on le rendrait injuste. Aussi l'impôt sur le revenu est-il général dans son assiette partout où l'on a tenté de l'établir, à Genève, en Angleterre, en Bavière, en Autriche, dans quelques états secondaires de la Suisse et de l'Allemagne.

Un impôt qui atteindrait les revenus de toute nature, sans exception, est-il aujourd'hui possible en France ? Avant de l'examiner, avant de rechercher si cette taxe trouverait un point d'appui dans nos mœurs et dans la distribution des fortunes, tout le monde s'accorde, je pense, à reconnaître qu'il ne saurait être question d'en faire une sorte de contribution additionnelle, et d'en surmonter purement et simplement notre édifice financier. Les revenus contribuent déjà directement aux charges de l'état sous diverses formes. La richesse immobilière est grevée de l'impôt foncier, ainsi que de la contribution des portes et fenêtres ; celle des patentes frappe les produits du commerce et de l'industrie manufacturière ; la contribution mobilière saisit les capitalistes et les rentiers. Que les contributions directes soient bien ou mal assises, peu importe ; on ne peut pas sans témérité grever d'une seconde taxe d'un impôt personnel, des revenus qui se trouvent déjà soumis à un impôt réel. En Angleterre, l'impôt foncier n'a laissé derrière lui qu'un reliquat peu sensible, et n'existe plus que de nom ; l'impôt mobilier est inconnu, et l'impôt sur le revenu ne double aucune autre taxe. En Bavière, pour établir l'impôt sur le revenu, on a supprimé en-deçà du Rhin la taxe de famille, et la contribution mobilière au-delà. Pour introduire en France la taxe sur le revenu, telle que la propose M. Passy, il faudrait donc changer de fond en comble l'économie de notre système financier, et commencer par abolir les quatre contributions directes. Or, quel homme d'état digne de ce nom oserait nous recommander de supprimer une ressource certaine de 430 millions pour courir après les résultats hypothétiques d'un impôt nouveau, après une ressource que l'on n'élèverait à 500 millions qu'en demandant à chaque contribuable le dixième de son revenu dans les bonnes années, et le cinquième peut-être dans les mauvaises ?

Le projet de loi méconnaît ces nécessités ; c'est par voie de superfétation qu'il entame la réforme de l'impôt. Les combinaisons du ministre soulèvent ainsi une fin de non-recevoir inexorable.

Quant à l'impossibilité d'introduire chez nous une taxe personnelle sur le revenu, elle est à la fois absolue et relative On aura beau s'agiter et s'ingénier, on ne trouvera pas une base certaine d'évaluation. Si tous les revenus se composaient de rentes foncières ou de rentes sur l'état, il y aurait dans ces éléments une stabilité qui permettrait d'asseoir la contribution de l'année qui court sur les résultats moyens des trois dernières années, ou même sur ceux de l'année précédente ; mais l'industrie du fermier, celle du fabricant,

Léon Faucher

celle du négociant et les professions libérales présentent des chances dont l'inégalité varie à l'infini. Là, le revenu est toujours problématique ; il se forme jour par jour, et se trouve quelquefois détruit par une bourrasque ou par un caprice de la santé ou de la fortune. La meilleure année peut se dénouer par un résultat négatif ; la plus médiocre a des retours inespérés d'abondance. Les moyennes, construites soit d'après les termes les plus éloignés, soit d'après les précédents les plus immédiats, ne servent pas légitimement à présumer cette moisson de l'année sur laquelle l'état veut prélever sa dîme. L'impôt se trouverait souvent excessif quand il devrait être modéré, et trop faible quand il devrait donner des résultats importants. Il y a là une mobilité naturelle qui défie les combinaisons les plus prévoyantes, car l'incertitude existe jusqu'au dernier moment pour tout le monde, et pour le contribuable lui-même comme pour les agents du fisc. Autant vaudrait déterminer les cotes au hasard que d'essayer de les proportionner aux fortunes.

Mais supposons, pour un instant, cette difficulté soluble ; par quel moyen la résoudra-t-on ? Il n'y a pas deux systèmes, il n'y en a qu'un, quoique la commission de l'assemblée constituante, qui en envisageait avec terreur les conséquences, n'ait pas eu le courage de l'aborder : ce système, c'est la déclaration du contribuable, contrôlée par les recherches dont l'état confie le soin aux agents qui le représentent. Nos mœurs doivent-elles faciliter et notre état social peut-il supporter une pareille épreuve ? Voilà toute la question.

On comprend à la rigueur que cette recherche soit compatible avec les mœurs de quelques états peu étendus, dont les habitants ne forment, pour ainsi dire, qu'une famille, où le fisc peut se confier à la parole encore naïve de l'homme, et dans lesquels le contrôle mutuel de la fortune des citoyens est rendu plus facile par des relations étroites de chaque jour. Ce qui permet à l'administration britannique d'asseoir l'*icome tax* presque invariablement sur la déclaration des contribuables, c'est que les déclarations, grâce aux mœurs du pays, ont un caractère très réel de sincérité. L'Angleterre est une nation aristocratique qui met son honneur à dire vrai : ce peuple donne et tient religieusement sa parole. Il n'est pas d'un *gentleman* de trahir la vérité, et un homme qui ment dans son intérêt, même au détriment du fisc, se déshonore. Ajoutez que le crédit est la grande affaire pour un Anglais dans toutes les conditions et dans toutes les circonstances. Il craint de paraître pauvre, parce que la pauvreté est une honte en Angleterre et parce que, si on ne le croyait pas dans l'aisance, il ne trouverait plus à emprunter. De là cette propension universelle à déclarer plutôt un revenu trop fort qu'un revenu trop faible. On enfle son revenu, en présence du fisc, parce que le fisc, c'est tout le monde ; on accuse une fortune qui n'existe pas, afin de retenir, de soutenir ou d'augmenter son crédit. Aussi, les résultats de l'*income tax* en Angleterre ont-ils dépassé les espérances du ministre qui l'avait rétabli, et semblent-ils annoncer un revenu national qui est, à quelques égards, une fiction et une hyperbole.

En France, le système des déclarations aurait des résultats tout différents. D'abord, on ne se fait pas scrupule, chez nous, de tromper le fisc : la fraude, en pareil cas, est un tour d'adresse ou un usage reçu, et que nos mœurs sont loin de flétrir ; puis, les nécessités du crédit ne se font sentir que dans une sphère très restreinte. Le crédit a presque toujours besoin de s'appuyer sur un gage matériel, sur une hypothèque ou sur une couverture ; il est rarement accordé à la bonne opinion que l'on a de l'emprunteur. De là vient que chacun, au lieu de se prétendre riche, est bien aise de passer, sinon pour absolument réduit à la pauvreté, tout au moins pour doté d'une médiocre aisance. Le Français dissimule sa fortune, pendant que l'Anglais expose la sienne et la drape, tant qu'il peut, au soleil. Un impôt assis uniquement sur la déclaration du contribuable produirait donc chez nous bien peu de chose.

Dans la Grande-Bretagne, on a simplifié la difficulté des déclarations en ne s'adressant qu'aux moyennes et aux grandes fortunes. L'impôt sur le revenu n'embrassant que les revenus de 150 livres sterling (3,825 francs) et au-dessus, la juridiction du fisc s'étend à peine sur cinq cent mille contribuables. C'est l'impôt du patriciat établi et accepté, malgré quelques dissidences de détail, comme une sorte de contribution volontaire.

Le projet de M. Passy diffère à cet égard de l'acte de sir Robert Peel, comme la France de l'Angleterre. Il s'adresse à la multitude dans un pays d'égalité. En prenant pour limites extrêmes de la taxe sur le revenu les hases de l'impôt personnel, il se résigne à avoir affaire à sept millions de contribuables. Sept millions de déclarations, et

Léon Faucher

autant de familles dont il faudra que les jurys municipaux épluchent la fortune, quelle immense machine à mettre en mouvement ! En Angleterre ? la moindre côte est de 4 livres sterling et demie, soit d'environ 114 francs, et vaut que l'on ne tienne écriture ; mais, au taux de 1 pour 100 que propose M. Passy, et avec le morcellement des fortunes, l'administration devra établir, vérifier et recouvrer des cotes de 2 et même de 1 franc ; n'est-ce pas appliquer toutes les forces de l'état à des misères ?

Bien que ce système ait une base solide de l'autre côté du détroit, le gouvernement britannique a prodigué, dans le mécanisme de l'*income tax*, tous les moyens de contrôle. Ainsi, aux commissaires-généraux qui établissent les évaluations, il a superposé des commissions spéciales prises parmi les sommités du commerce et de l'industrie, telles que les directeurs de la Banque, de la compagnie des Indes et les administrations municipales. Avec la ressource de ces jurys administratifs, qui sont des tribunaux d'appel en matière d'évaluation et qui possèdent la connaissance la plus étendue de la matière imposable, il peut approcher de la certitude. De pareilles ressources manquent au gouvernement français. Notre haut commerce ne lui fournirait que très imparfaitement les renseignements qui lui seraient nécessaires, et quant aux jurys municipaux qu'il institue au premier degré de la procédure, il est à craindre qu'un grand nombre ne reculent devant une tâche qui les mettrait aux prises avec tous les intérêts et avec toutes les passions.

Malgré tant de conditions défavorables, supposons que l'impôt du revenu vienne à s'établir, quelles en seront les conséquences ? La première et la plus grave peut-être dérivera de l'inégalité sans remède avec laquelle les contribuables se verront traités. Je laisse de côté les inégalités individuelles, qui prendront infailliblement des proportions souvent monstrueuses, pour ne m'occuper que de celles qui intéressent des catégories entières d'imposés.

L'individu qui vit sur le revenu d'un capital permanent est dans une position très différente de celui qui n'obtient un revenu égal qu'à la sueur de son front, par les efforts de son industrie, ou grâce à un traitement révocable et temporaire. « Pour que celui-ci, dit avec raison M. de Parieu, fût dans une situation aussi avantageuse que celui-là, il faudrait qu'outre le même revenu, il pût épargner annuellement, et par un procédé analogue à celui de l'amortissement un excédant suffisant pour reproduire au bout d'un certain nombre d'années, un capital procurant un revenu permanent. M'Culloch établit, d'après calcul, qu'un revenu viager de 1,000 livres pour une personne âgée de quarante ans et à laquelle il reste vingt-sept ans à vivre, d'après les tables de probabilité, ne représente pas une valeur plus considérable qu'un revenu perpétuel de 661 livres, et devrait par conséquent, si le taux de l'impôt était à 10 pour 100, ne supporter qu'une taxe de 66 livres. »

L'équité demanderait évidemment que le taux de l'impôt variât suivant la nature des revenus, et même qu'il se proportionnât aux situations individuelles. Voilà pourtant ce qu'aucune législation ne fait. Malgré les puissantes réclamations qui ont retenti dans les écrits des économistes, dans les pétitions émanées des districts manufacturiers, et jusque dans le sein du parlement, le taux de l'*income tax* demeure jusqu'à présent uniforme en Angleterre. La force de ces arguments pourra ruiner la taxe, mais elle n'en déterminera pas la modification. Trop de difficultés s'y opposent.

On ne doit pas dire avec M. Parieu, qu'il s'agit d'établir une taxe sur le revenu et non de rechercher le capital qui servira à la perception de la taxe ; car le législateur est tenu de rendre à chacun une égale justice, et justice ne serait pas faite, si la loi traitait comme des choses qui ont une valeur, pour leur demander le même tribut, des choses qui ont une valeur différente. Je reconnais d'ailleurs que, pour tenir compte de ces différences, il faudrait se jeter dans des détails de classification qui ne sont pas du domaine du législateur. On aurait encore à distinguer souvent dans le revenu d'une même personne ce qui est le produit du capital qu'il possède de ce qui est le produit de son industrie. Cette difficulté, à laquelle venait déjà se heurter, sous une autre forme, la taxe du revenu mobilier, n'admet aucun des tempéraments que la nature de l'impôt rendrait nécessaires. Il est condamné à l'uniformité et par conséquent à l'injustice.

Les plus mauvais impôts sont ceux qui s'opposent à la formation de l'épargne et à l'accumulation des capitaux. La taxe du revenu aurait au plus haut degré ce triste caractère. Elle enlèverait au père de famille engagé dans le commerce, dans l'industrie, dans les fonctions publiques ou dans les fonctions libérales, précisément cette réserve annuelle, cet accroissement qui devait lui servir à

Léon Faucher

composer ou à recomposer un capital qui répondît à son revenu. Au moment où l'on parle de créer, même avec l'assistance de l'état, des caisses de retraite pour les ouvriers, on priverait violemment des ressources naturelles de leurs vieux jours les ouvriers des arts, des sciences ou des lettres, et les entrepreneurs du travail, qui sont les têtes de la colonne industrielle. Ce serait un procédé sauvage : l'impôt attaquerait ainsi profondément, quoique d'une manière indirecte le capital de la société.

Arrivons maintenant au point le Plus critique du projet, à la base de l'impôt. La commission de l'assemblée constituante, on le sait, « avait été plus touchée, c'est M. de Parieu qui le dit, des inconvénients habituels de la déclaration que de ses rares avantages. Elle avait pensé que cette confession de son revenu ne s'accomplirait point pour le contribuable sans de vives répugnances, dont la dissimulation serait souvent le résultat. » Ailleurs, M. le rapporteur donne un plein assentiment aux objections qu'élevait la minorité de la commission, dans des termes que nous lui emprunterons encore. « Quelle inquisition redoutable que celle dont le résultat sera tout à la fois d'obliger le riche à révéler une fortune qu'il se plaît peut-être à entourer de mystère, et de condamner le citoyen pécuniairement malheureux à cette dure alternative de répandre sur sa situation une lumière fatale à son crédit, ou d'acheter par un impôt mensonger la conservation du prestige d'aisance dont il est environné ! »

Oui, cela est vrai, le système des déclarations invite en même temps aux deux fraudes contraires il donne la tentation aux riches de dissimuler une partie de leur revenu, et aux pauvres celle de se créer, en vue de l'inévitable publicité, une richesse fictive. Le trésor public est ainsi privé de ce qui lui appartient, et reçoit par contre ce qui ne lui appartient pas. Le résultat, dans les deux sens, renverse le but que se proposait la taxe. La proportionnalité de l'impôt devient une véritable chimère, et sa perception une guerre du fisc contre la société.

Le projet de M. Passy présente une lacune. M. le ministre des finances part de la déclaration du contribuable ; il charge un comité communal de rectifier, et au besoin de suppléer la déclaration du contribuable ; mais, il néglige de tracer aux membres de ce comité la procédure à l'aide de laquelle ils pourront et devront établir ces évaluations. On dirait qu'un pouvoir discrétionnaire leur est abandonné, comme si, en matière d'impôt, le législateur pouvait se montrer trop prévoyant, trop précis, trop minutieux même. Il n'y a que deux moyens d'évaluer les revenus de chaque contribuable, la notoriété et l'investigation sur pièces. Lequel des deux choisira le comité communal ? S'il n'interroge que la notoriété publique, il court le risque de prendre l'ombre pour la réalité, de s'en rapporter à la renommée qui grossit les fortunes, de devenir un centre ténébreux auquel aboutiront les dénonciations signées ou anonymes, de tomber enfin quelquefois dans l'odieux et toujours dans l'arbitraire. S'il veut au contraire se rendre un compte exact de la matière imposable, et proportionner sincèrement la taxe aux facultés de chacun, il faudra pénétrer dans le domicile, compulser les livres du manufacturier et du commerçant, vérifier les titres de rentes ou de créances, comparer l'actif avec le passif, se livrer en un mot à l'inquisition des fortunes. Ce dernier mode serait le seul efficace, mais il serait odieux, et on ne peut pas l'établir par un règlement ministériel, même avec l'attache du conseil d'état. La loi doit parler, à haute et intelligible voix, quand elle commande de tels sacrifices. Au reste, le silence du projet s'explique par les résistances que le ministre prévoit. L'exercice sur les boissons n'est pas populaire, bien qu'il n'atteigne qu'une seule classe de commerçants. Que serait-ce donc de l'exercice venant troubler jusque dans le secret des affaires et dans le sanctuaire de la famille sept millions de contribuables ! Où trouverait-on des agents pour l'imposer et des patients pour le subir ?

Les défenseurs de l'impôt sur le revenu se prévalent d'un précédent qu'ils croient avoir découvert dans la législation existante. À les entendre, l'état peut bien s'enquérir du revenu des contribuables, puisqu'il s'immisce à leur mort dans leur succession pour constater la valeur de l'héritage et pour prélever sur le capital, en distinguant les valeurs immobilières des valeurs mobilières, les droits qui reviennent au fisc Il n'y a point de parité à établir entre des circonstances aussi essentiellement différentes Quand le fisc cherche à constater le prix vénal des immeubles pour mettre le droit en rapport avec la valeur réelle, c'est à l'instant où la propriété va changer de main, dans un moment de transition où elle semble n'appartenir à personne. La recherche ne s'adresse qu'au

Léon Faucher

capital, qui est toujours saisissable ; elle ne pénètre pas dans les mystères souvent insaisissables du revenu. Le fisc renonce même à l'ouverture d'une succession, à constater la situation réelle des fortunes, car il n'admet pas la défalcation des dettes et calcule les droits d'après le capital brut des propriétés qui sont transmises il ne fait pas précisément ce qu'il lui reste à faire dans l'examen et dans le contrôle qu'entraîne l'impôt sur le revenu. Ce qui convertit cet examen en une véritable inquisition, c'est que les agents de l'état ne peuvent pas s'y livrer consciencieusement sans entrer en contact avec les personnes sans les interroger une à une, sans comparer leurs déclarations avec les témoignages des pièces ou des faits.

Tous les gouvernements qui ont introduit l'*income tax* dans l'économie de leur système financier ont reconnu la nécessité de cette procédure d'un autre âge. Ainsi, en Angleterre, on défère le serment aux contribuables, et, quand on les surprend en flagrant délit de fausse déclaration, ils ont à payer une amende de 500 francs, sans compter un droit triple de celui qu'ils auraient dû. En Bavière, l'amende est le quintuple de la différence qui se rencontre entre la somme déclarée et la somme due. De telles pénalités sont évidemment illusoires. La terreur seule peut prévenir à diminuer la fraude, et je ne verrais de moyen efficace que celui que proposait Vauban à Louis XIV, pour l'application de la *dîme royale* : « Que le roi veuille bien s'en expliquer par une ordonnance sévère, qui soit rigidement observée, portant *confiscation des revenus recélés et cachés* et la peine d'être imposé au double pour ne les avoir pas fidèlement rapportés ; moyennant quoi et le châtiment exemplaire pour quiconque osera éluder l'ordonnance et ne pas s'y conformer, on viendra à bout de tout. »

La confiscation des revenus que l'on aurait dissimulés, voilà donc la sanction de l'impôt sur le revenu, le dernier mot du système. À quel prix. M. le ministre des finances s'est-il soustrait à cette conséquence extrême, mais fatale, de sa conception ? En rendant la déclaration facultative, il chargerait des commissaires municipaux d'arbitrer souverainement les revenus. Il n'y a pas de pénalité dans la loi, cela est vrai ; mais quelle plus grande pénalité que l'arbitraire !

Quelle est aujourd'hui la tendance de la civilisation, sinon, tout en développant la vie publique, de fortifier dans ses retranchements comme un asile inviolable, le domaine de la vie privée ? Ces retranchements, si nécessaires à la famille et à l'individu, l'impôt du revenu y fait une large brèche ; il oblige en effet le contribuable à mettre à nu ses intérêts, à dévoiler le produit de ses efforts quotidiens et les calculs de ses espérances. Le contribuable, aux ternies du projet, ne doit pas avoir de secrets pour l'état, c'est-à-dire qu'il n'en doit avoir pour personne ; il se trouve donc à la merci de ceux-là mêmes qui peuvent voir sa prospérité d'un œil d'envie, ou tirer parti contre lui de son infortune. On nous donne ainsi la vie en commun, moins le devoir d'une mutuelle assistance, moins cette fraternité que l'on écrit partout avec profusion sur les murs, mais dont les lois révolutionnaires et les cœurs ne semblent garder qu'une empreinte bien affaiblie. Quel est cependant le commerçant, quel est l'industriel dont le crédit résisterait à cette exposition permanente ? On veut ouvrir le grand-livre des revenus, sans songer que chaque page y serait bientôt marquée par le déficit et par la banqueroute. L'importance des catastrophes que déterminerait l'impôt du revenu excéderait très certainement, chaque année, celle des ressources qu'il pourrait fournir à l'état.

Ces dangers s'aggravent, on le sait, de la situation de la France. Il existe un parti menaçant encore aujourd'hui qui fait ce qui dépend de lui pour amener une guerre sociale. Sous une forme ou sous une autre, en termes directs ou par la voie des inductions détournées, ce parti enseigne à ceux qui ne possèdent pas, et qui sont en petit nombre heureusement, que ceux qui possèdent doivent tôt ou tard rendre gorge. Les adeptes que l'on a échauffés de déclamations contre la propriété et contre le capital ne croiront-ils pas que le jour de cette prétendue rétribution est arrivé, si le fisc s'en va toiser et afficher les fortunes ? Quand on aura fait ainsi l'inventaire public de chaque famille, quand on aura écrit sur la porte de chaque maison le chiffre des valeurs qu'elle contient, la somme des jouissances dont elle est l'expression, pense-t-on que l'on n'aura pas fourni un irrésistible aliment aux passions anarchiques ? Même dans la société la plus fortement assise, la plus éclairée, la plus morale, il ne semblerait pas prudent d'ouvrir toutes les portes et de laisser les richesses exposées dans les rues. Que sera-ce dans une société qui vient d'être agitée et ébranlée jusque tians ses fondements, que les barbares du dedans tiennent perpétuellement en alarme et comme en état de siège, et où toute mauvaise passion peut se couvrir de

Léon Faucher

l'indulgence qui s'attache aux délits politiques ? Les propriétés publiques ont fait les frais de la première révolution. Prenons garde que la propriété privée ne fasse les frais de la seconde, car, cet abri renversé et le foyer de la famille détruit sur la terre, je ne sais plus où l'ordre pourrait se réfugier. Les lois qui portent atteinte à la propriété ne sont que la préface de la spoliation et le vestibule de la guillotine.

M. le ministre des finances a fait de la taxe sur le revenu une taxe proportionnelle. C'est un écart de logique : l'impôt du revenu doit être et il est en effet progressif, à peu près dans tous les pays où on l'a établi. La pensée fondamentale de l'impôt sur le revenu consiste à exempter le nécessaire pour ne taxer que le superflu ; elle tient compte au contribuable de ses besoins, comme celui-ci doit compte à l'état de sa richesse : or cette pensée mène droit à l'impôt progressif. Dans tout système de contribution qui fait deux parts de la richesse générale, la plus forte et celle du plus grand nombre que l'on affranchit des charges publiques, la plus faible et celle du petit nombre à laquelle le poids de ces charges est réservé, il s'ensuit naturellement que plus le contribuable est riche, et plus le trésor cherche à retrancher, en se l'appropriant à titre de tribut, de ce superflu dont quelques-uns regorgent. Partager le revenu individuel en nécessaire et en superflu, c'est en quelque sorte déclarer le superflu de bonne prise. C'est proposer aux fortunes un niveau commun, duquel, à défaut de la Providence qui avait sans doute d'autres desseins, la sévérité du fisc les rapproche. Le taux de l'impôt s'élève alors comme le flot de l'opulence : ce n'est plus un péage levé sur ceux qui suivent le cours du fictive ; c'est une digue destinée à le rétrécir.

On pose le premier jalon de l'impôt progressif dès que l'on affranchit de la taxe sur le revenu certaines classes de contribuables. Si l'on exempte en effet ceux qui ont peu, il faudra surtaxer ceux qui ont beaucoup, car ces deux idées sont corrélatives. Une de ces nécessités étant reconnue, l'autre vient de soi. Dès que la proportionnalité de l'impôt ne s'étend pas à tous les contribuables, elle n'existe plus logiquement pour personne, et l'application est bien compromise quand le principe se trouve ainsi méconnu et virtuellement détruit. Ajoutez que les contribuables exemptés finissent par considérer l'exemption comme un droit, et par croire que l'opulence acquise, au-delà d'une certaine limite, est une espèce de patrimoine public sur lequel l'état dans les circonstances urgentes, peut peser et prendre à volonté.

À Genève, la taxe des gardes, impôt établi principalement sur les valeurs mobilières, ne frappe pas les capitaux inférieurs à 5,000 florins. Cet impôt a été une sorte de transaction entre le peuple et l'aristocratie bourgeoise ; on peut dire que celle-ci a capitulé. La progression s'y fait sentir de deux manières : d'abord par l'exemption des cotes inférieures, ensuite par le taux de l'impôt, qui est de demi pour mille pour les fortunes de 5,000 à 50,000 florins, et d'un pour mille au-dessus.

En Angleterre, les revenus inférieurs à 150 livres sont affranchis de l'*income tax*. Cela s'explique par la situation de l'aristocratie tant industrielle que foncière, qui, ayant joui trop longtemps elle-même d'une véritable exemption d'impôt, devait une revanche et une compensation aux classes laborieuses. L'assiette de l'*income tax* suppose ainsi un sacrifice volontaire d'argent et de principes de la part de ceux qui possèdent, et pourtant cet impôt entraîne de telles conséquences qu'il est douteux que l'on puisse le maintenir.

L'impôt du revenu en Bavière est complètement progressif. Cette taxe ne pèse pas sur les célibataires qui ont moins de 250 florins de revenu, sur les familles avec trois enfants au plus, dont le revenu demeure inférieur à 400 florins, enfin sur les familles qui ont moins de trois enfants, si elles ont moins de 500 florins de rente. Les revenus imposables sont distribués, en vingt-cinq classes, dont la première (250 florins de revenu) paie 2 pour 1,000 ; la quinzième (10,000 florins de revenu) 1 pour 100, et la dernière (75,000 florins de revenu et au-dessus) 2 pour 100. On remarquera que la loi bavaroise est une des plus récentes et qu'elle a à peine quinze mois de date. C'est celle qui porte au plus haut degré l'empreinte des circonstances, celle qui a poussé le plus loin la logique de doctrines, et ce n'en est pas encore le dernier mot.

Enfin n'oublions pas que M. Goudchaux, en proposant une taxe sur le revenu mobilier, l'avait accompagnée d'un projet de loi sur les successions qui proclamait ouvertement et qui appliquait le système de l'impôt progressif.

Oui, l'impôt progressif est au bout de l'impôt sur le revenu. Il en

Léon Faucher

représente la fatalité. Aveugle qui ne la voit pas, et insensé qui la dissimule. Ce n'est pas ici le lieu de discuter l'impôt progressif ; il suffit d'en rappeler la portée. Les taxes progressives attaquent le capital lui-même, dont elles préviennent la formation ou dont elles détruisent les réserves accumulées. Par cette méthode, l'impôt égale bien vite et absorbe le revenu. Il fait que le contribuable, au lieu de rechercher l'aisance, a intérêt à être pauvre. En tarissant les sources des revenus particuliers, il dessèche celle du revenu public. L'idéal de la loi agraire se trouve réalisé, car l'impôt étend alors sur tous les citoyens un niveau commun de misère, et cette égalité-là n'est pas de celles qui engendrent l'ordre et la paix.

Je crois en avoir dit assez pour établir que le projet de M. le ministre des finances est antipathique à notre état social, et qu'il contient en germe une l'évolution, tout en affectant les proportions plus modestes d'une réforme. L'opinion publique a déjà condamné par deux fois l'impôt sur le revenu. À l'arrêt par défaut qu'avait rendu l'assemblée constituante vient s'ajouter maintenant la protestation à peu près unanime des conseils-généraux. Ce plagiat de l'*income tax* ne trouvera pas plus de faveur, il faut l'espérer, devant l'assemblée législative.

L'accord spontané qui éclate ici dans toutes les fractions du parti modéré serait-il une inspiration de l'égoïsme ? On le dira, et on l'a peut-être dit ; on prétendra que les propriétaires et les capitalistes ne repoussent l'impôt du revenu que pour décliner leur part des sacrifices qu'exigent les circonstances : ce serait les calomnier avec aussi peu d'intelligence que d'équité. Ceux qui possèdent ne refusent pas 60 millions de plus à l'état ; ils les paieraient au contraire très volontiers tant que la nécessité s'en fera sentir, mais sous une tout autre forme. C'est au principe même et aux conséquences de l'impôt sur le revenu que leur opposition s'attaque. Ce n'est pas pour une économie individuelle de quelques écus, c'est dans l'intérêt même de la société, par une conviction très réfléchie et très arrêtée des dangers qui la menacent encore.

Que l'on pourvoie à un déficit du moment par des mesures également temporaires. Les époques calamiteuses ne sont pas celles qu'il faut choisir pour instituer de nouvelles taxes, car on ajoute ainsi la difficulté des circonstances à celle déjà bien assez grande d'inventer des contribuables et de trouver une base certaine à l'impôt.

Il a été question d'une combinaison semblable au décime de guerre ; on a parlé d'augmenter d'un dixième le taux de toutes les contributions. Ce projet d'une dîme républicaine, si l'on en bornait les effets à l'année 1850, aurait quelques avantages. Il permettrait d'attendre que l'on eût étudié les changements nécessaires et possibles dans l'assiette de l'impôt, et que les taxes existantes eussent recouvré toute leur fécondité. Le gouvernement fait fausse route, quand il se propose principalement d'innover en matière d'impôt. Il devrait s'attacher, avant tout, à rendre les contributions productives, et à retrouver, par l'activité que la confiance imprime aux consommations, un revenu qui égale ou même qui surpasse celui de l'année 1847. Là gît véritablement, et non pas ailleurs, le problème de nos finances.

Avec un gouvernement résolu et avec le patriotisme qui anime la grande majorité des citoyens, ces résultats peuvent nous être prochainement acquis. La classe moyenne, un moment surprise et paralysée dans son action par les événements de février, a bientôt repris courage. Avec le sentiment de ses droits, elle montre aujourd'hui la conscience des devoirs nouveaux, qui lui sont dévolus. C'est la première fois que l'on voit dans ce pays les hommes modérés de toutes les opinions s'unir dans une pensée d'ordre. Cette union, si l'on y persévère, sauvera les finances publiques, comme elle a déjà sauvé la société.

ISBN : 978-1533481917

Léon Faucher

www.ingramcontent.com/pod-product-compliance
Lightning Source LLC
Chambersburg PA
CBHW070338190526
45169CB00005B/1953